Mein erster Schumann
My First Schumann

Die leichtesten Klavierwerke von
Easiest Piano Works by
Robert Schumann

Herausgegeben von / Edited by
Wilhelm Ohmen

Coverillustration: Silke Bachmann

ED 22358
ISMN 979-0-001-20115-5

English edition
ED 22358-1
ISMN 979-0-001-15968-9

www.schott-music.com

Mainz · London · Berlin · Madrid · New York · Paris · Prague · Tokyo · Toronto
© 2015 SCHOTT MUSIC GmbH & Co. KG, Mainz · Printed in Germany

Robert Schumann

Steckbrief

1810	geboren am 8. Juni in Zwickau
1826	Beginn eines Jurastudiums in Leipzig
	Klavierstunden bei Friedrich Wieck, hier lernt er dessen hochbegabte Tochter Clara kennen, die eine berühmte Pianistin werden wird
1829	Schumann studiert in Heidelberg Klavier und Komposition und wendet sich ganz der Musik zu
1834	in Leipzig gründet er die Neue Zeitschrift für Musik
1840	Heirat mit Clara Wieck
1843	kurze Anstellung als Klavierlehrer am Leipziger Konservatorium
1844	Übersiedlung nach Dresden wo er den Verein für Chorgesang gründet und sich ganz dem Komponieren widmet
1850–1853	Städtischer Musikdirektor in Düsseldorf
1853	Beginn eines unheilbaren Gemütsleidens
1856	er stirbt am 29. Juli in der Nervenheilanstalt in Endenich bei Bonn

Vorwort

Robert Schumann gehört zu den bedeutendsten Komponisten der Romantik. Eigentlich wollte er Klaviervirtuose werden, aber ein Leiden an der Hand hinderte ihn daran. In der Buchhandlung seines Vaters erwarb er sich schon in jungen Jahren ein breites Allgemeinwissen. So konnte er in der von ihm gegründeten *Neuen Zeitschrift für Musik* viel beachtete Artikel über Kunst und Musik schreiben. Hier stellte er auch viele Komponisten seiner Zeit, wie Mendelssohn, Brahms und Chopin vor.

Er komponierte vier Symphonien, die Oper *Genoveva*, das Oratorium *Das Paradies und die Peri*, Kammermusiken, Lieder mit Begleitung des Klaviers, das berühmte *Klavierkonzert in a-Moll* und zahlreiche Klavierstücke oder -zyklen. Schumann vertraute die besten seiner musikalischen Ideen dem Klavier an. Sein umfangreiches Klavierwerk umfasst sowohl zarte, lyrische, poetische als auch leidenschaftliche, aufwühlende und rhythmisch betonte Stücke. In den Jahren 1830 bis 1839 entstanden seine bedeutensten Klaviersammlungen mit den Opuszahlen 1 bis 26, darunter unter anderem *Kinderszenen*, *Sinfonische Etüden*, *C-Dur Fantasie* oder *Kreisleriana*.

Zur Ausführung der Stücke

Mit den in diesem Band enthaltenen Stücken können die jungen Spieler erste Erfahrungen mit der romantischen Klaviermusik machen. Schumanns Klaviersatz ist sehr abwechslungsreich und fantasievoll. Er erfindet ständig verschiedene technische Spielfiguren. Die ersten Stücke aus dem *Album für die Jugend*, das er für seine eigenen Kinder komponiert hat, sind leicht, die folgenden richten sich an den etwas fortgeschrittenen Klavierspieler, dessen Hand schon etwas größer ist. Der Gebrauch des Pedals kann hier gut erlernt werden, außerdem das ausdrucksvolle Spiel und die Differenzierung von Melodie und Begleitung. Die poetischen Überschriften Schumanns für diese kleinen Stücke mögen die Fantasie des Spielers für die musikalische Gestaltung anregen.

Die Metronomangaben sind Vorschläge des Herausgebers, die individuell den Fähigkeiten des Spielers und dem Charakter der Musik angepasst werden können.

Wilhelm Ohmen

Robert Schumann
Biography

1810	born in Zwickau on 8 June
1826	began studying Law in Leipzig
	took piano lessons with Friedrich Wieck, thus meeting Wieck's highly gifted daughter Clara, who would become a celebrated pianist
1829	Schumann studied piano and composition in Heidelberg, devoting himself entirely to music
1834	he founded the journal Neue Zeitschrift für Musik in Leipzig
1840	married Clara Wieck
1843	briefly employed to teach piano at Leipzig Conservatoire
1844	moved to Dresden, where he founded the Choral Society and focused on composition
1850–1853	Municipal Director of Music in Düsseldorf
1853	onset of incurable depression
1856	Schumann died in the asylum in Endenich, near Bonn, on 29 July

Preface

Robert Schumann is one of the most important composers of the Romantic era. He aspired to become a concert pianist, but was prevented from doing so by a hand injury. From an early age he acquired extensive general knowledge in his father's bookshop. This background enabled him to write highly regarded articles on art and music in the magazine he founded, the *Neue Zeitschrift für Musik*, in which he also drew attention to many composers of his day such as Mendelssohn, Brahms and Chopin.

Schumann composed four symphonies, the opera *Genoveva*, the oratorio *Das Paradies und die Peri*, chamber music, songs with piano accompaniment, his famous Piano Concerto in A minor and numerous pieces and sets of pieces for the piano. Schumann gave the best of his musical ideas to the piano: his extensive *oeuvre* includes tenderly lyrical and poetic as well as passionate, stirring and rhythmically accented piano works. His most important piano collections were written in the years 1830 to 1839 with opus numbers 1 to 26, including *Kinderszenen*, *Sinfonische Etüden*, the Fantasia in C major and *Kreisleriana*.

Playing these pieces
The pieces in this book offer young players an introduction to Romantic piano music. Schumann's piano writing is very varied and imaginative, continually introducing all sorts of new musical configurations. He composed Album for the Young for his own children: the first pieces from that album are easy, followed by pieces aimed at rather more proficient pianists whose hands are slightly larger. There are opportunities to learn to use the pedal, along with expressive playing and differentiating between melody and accompaniment. Schumann's poetic titles for these little pieces may stimulate players to find their own imaginative musical interpretation.

Metronome markings are editorial suggestions and may be adapted to suit each player's abilities and the mood of the music.

Wilhelm Ohmen
Translation Julia Rushworth

Inhalt / Contents

6

Für ganz Kleine*)
For the Very Small

Robert Schumann
1810–1856

Puppenschlafliedchen
Doll's Lullaby

Robert Schumann

© 2015 Schott Music GmbH & Co. KG, Mainz

*) Diese fünf kleinen Stücke stammen aus dem Skizzen-
buch zu dem *Album für die Jugend* und wurden von
Schumann für den späteren Druck nicht berücksichtigt.

*) These five pieces come from a sketchbook of 'Album for
the Young' and were not included by Schumann in the
collection printed later.

Auf der Gondel
In a Gondola

Robert Schumann

Nicht schnell ♪ = 100

Haschemann
Catch Me if You Can

Robert Schumann

So schnell als möglich ♩ = 88

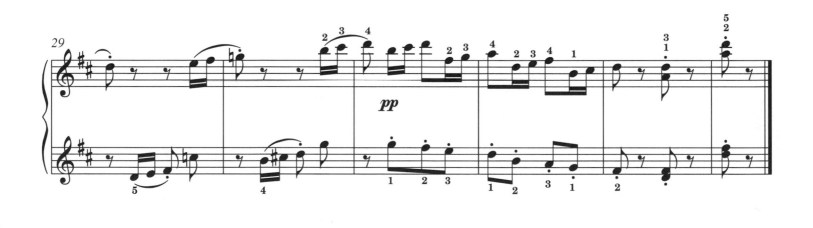

Gukkuk im Versteck
Guckoo in Hiding

Robert Schumann

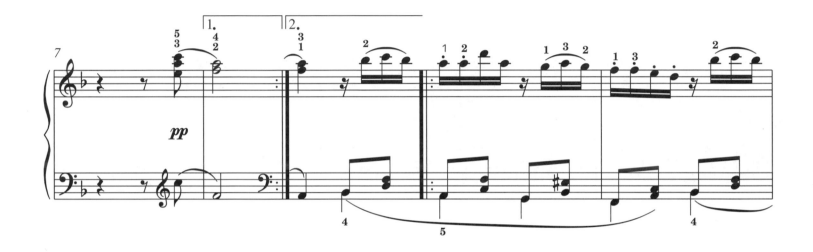

Melodie
Melody

Robert Schumann

aus / from: Album für die Jugend / Album for the Young, op. 68 Nr. 1

Soldatenmarsch
Soldier's March

Robert Schumann

Munter und straff ♩ = 112

aus / from: Album für die Jugend / Album for the Young, op. 68 Nr. 2

Trällerliedchen
Humming Song

Robert Schumann

aus / from: Album für die Jugend / Album for the Young, op. 68 Nr. 3

Ein Choral

A Choral

Robert Schumann

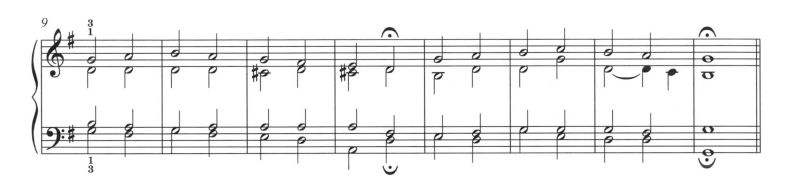

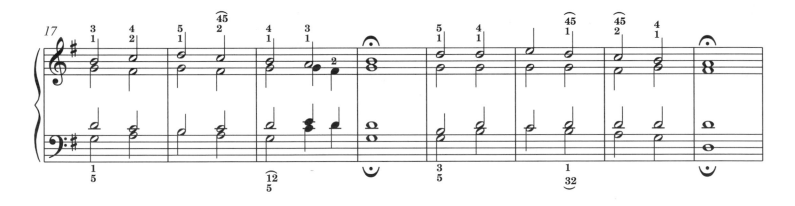

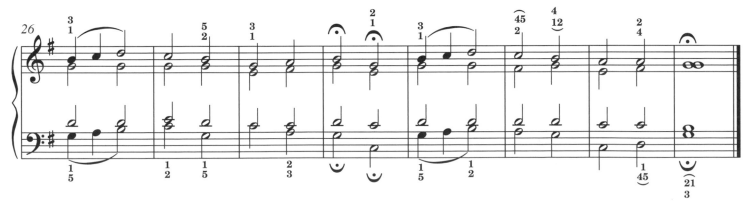

aus / from: Album für die Jugend / Album for the Young, op. 68 Nr. 4

Stückchen
A Little Piece

Robert Schumann

aus / from: Album für die Jugend / Album for the Young, op. 68 Nr. 5

Armes Waisenkind
Poor Little Orphanchild

Robert Schumann

aus / from: Album für die Jugend / Album for the Young, Op. 68 Nr. 6

Jägerliedchen
Hunter's Song

Robert Schumann

Frisch und fröhlich

aus / from: Album für die Jugend / Album for the Young, op. 68 Nr. 7

Wilder Reiter
The Wild Horseman

Robert Schumann

aus / from: Album für die Jugend / Album for the Young, op. 68 Nr. 8

Volksliedchen
Little Folk Song

Robert Schumann

aus / from: Album für die Jugend / Album for the Young, op. 68 Nr. 9

*) Melodie in der linken Hand hervorheben / Bring out the melody in the left hand.

Fröhlicher Landmann
von der Arbeit zurückkehrend
The Merry Peasant

Robert Schumann

aus / from: Album für die Jugend / Album for the Young, op. 68 Nr. 10

Sizilianisch
Sicilian

Robert Schumann

Schluss / Fine

Vom Anfang ohne Wiederholungen bis zum Schluss
D. C. al Fine senza ripetizione

aus / from: Album für die Jugend / Album for the Young, op. 68 Nr. 11

Knecht Ruprecht
Knight Rupert

Robert Schumann

aus / from: Album für die Jugend / Album for the Young, op. 68 Nr. 12

*) Die kursiven Fingersätze stammen von Schumann.
The fingering in italics is by Schumann.

Kleine Studie
A Little Study

Robert Schumann

aus / from: Album für die Jugend / Album for the Young, op. 68 Nr. 14

*) Die kleinen Noten stehen im Autograph und Erstdruck, sind also ad libitum-Zusätze von Schumann /
The small notes are part of the original text (autograph and first edition).

Erster Verlust
First Loss

Robert Schumann

aus / from: Album für die Jugend / Album for the Young, op. 68 Nr. 16

Schnitterliedchen
Reaper's Song

Robert Schumann

aus / from: Album für die Jugend / Album for the Young, op. 68 Nr. 18

Langsam und mit Ausdruck zu spielen ♪ = 120

Robert Schumann

aus / from: Album für die Jugend / Album for the Young, op. 68 Nr. 21

Nachklänge aus dem Theater
After the Theatre

Robert Schumann

aus / from: Album für die Jugend / Album for the Young, op. 68 Nr. 25

Nicht schnell, hübsch vorzutragen ♩ = 76

Robert Schumann

Etwas langsamer

Im Tempo

aus / from: Album für die Jugend / Album for the Young, op. 68 Nr. 26

Erinnerung
Memory
4. November 1847 / 4th November 1847 *)

Robert Schumann

Nicht schnell und sehr gesangvoll zu spielen ♪ = 84

aus / from: Album für die Jugend / Album for the Young, op. 68 Nr. 28

*) Am 2. September 1848 komponiert und dem Gedächtnis von Felix Mendelssohn-Bartholdy gewidmet (gestorben am 4. November 1847).

*) Composed 2 September 1848 and dedicated to the memory of Felix Mendelssohn-Bartholdy (died 4 November 1847).

Nordisches Lied
Nordic Song

Gruß an G. / Greetings to G.

Robert Schumann

Im Volkston ♩ = 80

aus / from: Album für die Jugend / Album for the Young, op. 68 Nr. 41

*) Pedal auf jede Viertelnote / Pedal on each quaver / **) d als Vorschlag / d as grace note

GADE

Dieses Stück widmete Schumann dem dänischen Komponisten Niels Wilhelm Gade (1817–1890).
Schumann dedicated this piece to the Danish composer Niels Wilhelm Gade (1817–1890).

Von fremden Ländern und Menschen
From Foreign Lands and People

Robert Schumann

aus / from: Kinderszenen / Scenes of Childhood op 15 Nr. 1

Wichtige Begebenheit
An Important Event

Robert Schumann

aus / from: Kinderszenen / Scenes from Childhood, op. 15 Nr. 6

Träumerei
Reveries

Robert Schumann

aus / from: Kinderszenen / Scenes from Childhood, op. 15 Nr. 7

Ritter vom Steckenpferd
Knight of the Hobbyhorse

Robert Schumann

aus / from: Kinderszenen / Scenes from Childhood, op. 15 Nr. 9

*) für kleine Hände /
*) for small hands

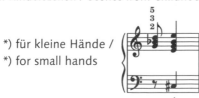

Aus wendetechnischen Gründen bleibt diese Seite leer.
This page is left blank to save an unnecessary page turn.

Fürchtenmachen
Bogeyman's Coming

Robert Schumann

aus / from: Kinderszenen / Scenes from Childhood, op. 15 Nr. 11

Der Dichter spricht
The Poet Speaks

Robert Schumann

*) Für kleine Hände: h als Vorschlag / for small hands: b as grace note

aus / from: Kinderszenen / Scenes from Childhood, op. 15 Nr. 13

Albumblatt Nr. 1
Album Leaf No. 1

Ziemlich langsam ♩ = 54

Robert Schumann

*) Für kleine Hände: h als Vorschlag / for small hands: b as grace note

aus / from: Bunte Blätter / Coloured Leaves, op. 99 Nr. 4

Albumblatt Nr. 5
Album Leaf No. 5

Robert Schumann

Langsam ♩ = 100

aus / from: Bunte Blätter / Coloured Leaves, op. 99 Nr. 8

Walzer
Waltz

Robert Schumann

* Für kleine Hände: a als Vorschlag / for small hands: a as grace note

aus / from: Album Blätter / Album Leaves, op. 124 Nr. 4

Wiegenliedchen
Cradle Song

Robert Schumann

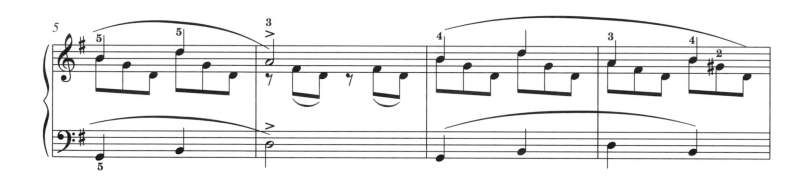

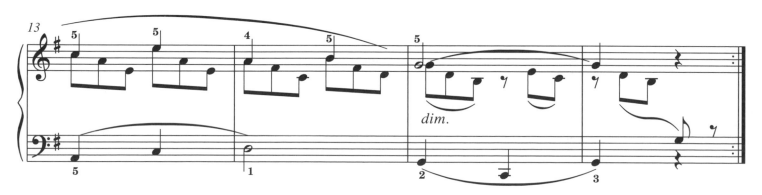

aus / from: Albumblätter / Album Leaves, op. 124 Nr. 6

Kinder-Sonate in G-Dur
Children's Sonata in G major

Robert Schumann

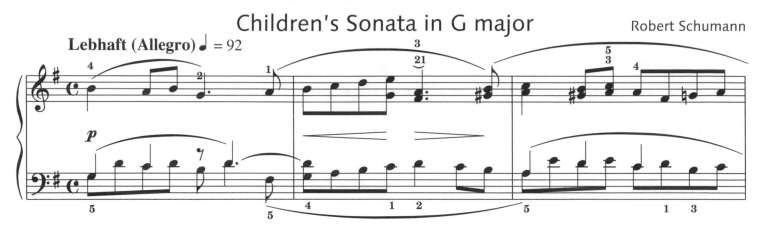

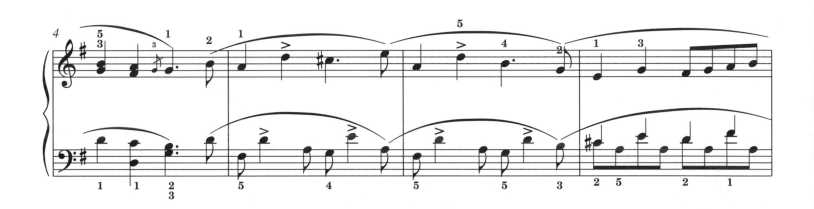

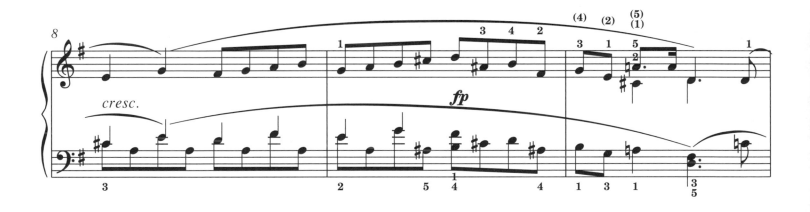

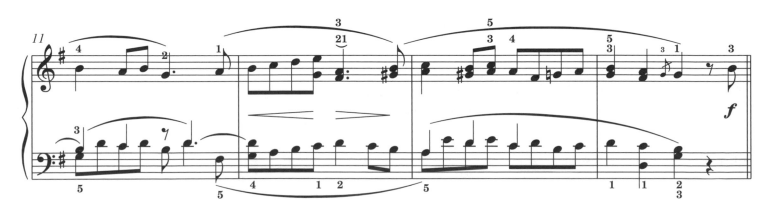

aus / from: Die Klaviersonaten für die Jugend / Three Piano sonatas for the Young, op. 118 Nr. 1 (Erster Satz / First movement)

Abendlied
Evening Song

Robert Schumann

*) 16tel Note auf die 3. Achtel / 16th Note on the third quaver

aus / from: Drei Klaviersonaten für die Jugend / Three Piano sonatas for the Young op. 118 Nr. 2, 3. Satz / 3. Movement

Geburtstagsmarsch
Birthday March

Robert Schumann

Im Marschtempo ♩ = 112

Secondo

aus / from: 12 vierhändige Klavierstücke für kleine und große Kinder / 12 Four-Hand Piano Pieces for small and large Children, op. 85 Nr. 1

Geburtstagsmarsch
Birthday March

Robert Schumann

Im Marschtempo ♩ = 112   Primo

aus / from: *12 vierhändige Klavierstücke für kleine und große Kinder / 12 Four-Hand Piano Pieces for small and large Children*, op. 85 Nr. 1

Secondo

Primo

Schott Music, Mainz 57 266